प्राथमिक विद्यालयों में योग शिक्षा

वाणी प्रकाशन

21-ए, दरियागंज, नई दिल्ली-110002

फोन : 011-23273167, 23275710, 51562622

फैक्स : 01123275710

e-mail : vani_prakashan@yahoo.com,
amaheshwari_del@touchtelindia.net

प्राथमिक विद्यालयों में योग शिक्षा

बैकुण्ठ नाथ पाण्डेय

वाणी प्रकाशन

वाणी प्रकाशन

'लोगो' वाणी प्रकाशन : मक़बूल फ़िदा हुसेन

वाणी प्रकाशन, 4695, 21-ए, दरियागंज, नयी दिल्ली-110002

वाणी प्रकाशन, अशोक राजपथ (पटना कॉलेज के सामने), पटना (बिहार)

PRATHMIK VIDYALAYON MEIN
YOG SHIKSHA

by Baikunth Nath Pandey

Education

ISBN : 81-8143-398-X

प्रथम संस्करण 2011

मूल्य : 65/-

वाणी प्रकाशन

फोन : 0091#11#23273167, फोन व फैक्स 23275710

वेबसाइट : www.vaniprakashan.in

ई-मेल : vaniprakashan@gmail.com

जी.एस. ऑफसेट द्वारा दिल्ली-110032 में मुद्रित

अनुक्रम

विद्यालयों में योग शिक्षा क्यों?

आजकल प्राथमिक कक्षाओं में कई विषय सिखाये जाते हैं–भाषा, गणित, विज्ञान, पर्यावरण, संगीत, व्यायाम, खेल-कूद, कम्प्यूटर आदि। यह सही है कि उपर्युक्त विषय हमारे बच्चों के मानसिक और शारीरिक विकास के लिए आवश्यक हैं। इन विषयों के अध्ययन से ज्ञान के अनेक क्षेत्र खुलते हैं। जीवन के हर क्षेत्र में उपलब्धि मिलती है इन विषयों के अध्ययन से।

बच्चों में चंचलता एक स्वाभाविक गुण है। चंचलतावश वे अधिक देर तक किसी विषय पर ध्यान केन्द्रित नहीं कर पाते हैं। पातंजलि ने कहा है–"योगश्चित वृत्ति निरोधः" बच्चों को चंचल चित्तवृत्तियों के निरोध का तरीका अगर सिखाया जाय तो उनका ध्यान ज्ञान पक्ष पर अधिक केन्द्रित होने लगेगा।

आसनों को प्रारम्भ करने के साथ 10 यम नियमों का पालन भी बच्चों को सिखाया जाना चाहिए। आजकल हम विद्यालयों में नैतिक शिक्षा प्रदान करने का नियम बनाते हैं, घंटा निर्धारित करते हैं और कक्षा में कहानियों के माध्यम से नैतिक शिक्षा दी जाती है। वस्तुतः नैतिक शिक्षा का उपदेश तो दे दिया जाता है परंतु व्यावहारिक रूप प्रदान करना कठिन होता है और उसे विद्यालयों में सिखाया जाना चाहिए।

यम पाँच हैं–

(1) **अहिंसा**–किसी का अनिष्ट चिंतन न करना और प्राणियों के साथ वैर-भाव छोड़ कर प्रेम पूर्ण व्यवहार करना ही अहिंसा है। यह बच्चों को विद्यालयों में सिखाया जाना चाहिए।

(2) **सत्य**–सत्य बोलना, सत्य आचरण करना और सत्य जानना और सबसे बड़ी बात है कि सत्य को वाणी से व व्यवहार से जानना।

(3) **अस्तेय**–शारीरिक वैचारिक और मानसिक रूप से चोरी न करना ही अस्तेय है।

(4) **ब्रह्मचर्य**–ब्रह्मचर्य का अर्थ लोग अविवाहित जीवन से लेते हैं। लेकिन इसका व्यापक अर्थ में प्रयोग ब्रह्मचर्य से लेना चाहिए। हमें बच्चों को परम सत्ता के विषय में जानकारी देनी चाहिए।

(5) **अपरिग्रह**–अपरिग्रह का मतलब संग्रह न करना होता है। इस व्रत के पालन से शारीरिक और मानसिक बल तथा स्मरण शक्ति की वृद्धि होती है।

नियम पाँच हैं–

(1) **शौच**–शौच से तात्पर्य समुचित स्वच्छता से है। प्रत्येक विद्यार्थी को इसका पालन सिखाया जाना चाहिए।

(2) **संतोष**–संतोषं परम् सुखम्; संतोष से ही सुख की प्राप्ति होती है। प्रत्येक विद्यार्थी को इसकी शिक्षा देनी चाहिए।

(3) **तप**–तप से तात्पर्य दृढ़ निश्चय से है। प्रत्येक छात्र को दृढ़ निश्चयी होना चाहिए।

(4) **स्वाध्याय**–स्वाध्याय से तात्पर्य self learning से है। हमें बच्चों में self learning की आदत डालनी चाहिए। वस्तुतः कक्षाओं

में जो कुछ भी सिखाया जाता है वह इसलिए सिखाया जाता है ताकि बच्चे स्वयं इसका अभ्यास कर सकें, सीख सकें।

(5) **ईश्वर प्राणिधान**–परम सत्ता का ध्यान करना ही ईश्वर प्राणिधान है।

उपर्युक्त सभी यम नियमों का अगर विद्यालयों में अभ्यास कराया जाय तो अलग से नैतिक शिक्षा प्रदान करने की आवश्कता नहीं रह जाएगी। अगर विद्यालयों में योगासन यम नियमों के साथ सिखाया जाता है तो बच्चों का व्यक्तिगत और सामाजिक विकास सम्पन्न होता है। इसलिए विद्यालयों में योग शिक्षा प्राथमिक कक्षाओं से प्रारम्भ की जानी चाहिए।

विद्यालयों में देश के भावी कर्णधार तैयार होते हैं। आज जो वर्तमान स्थिति हमें देखने को मिलती है वह हमारी शिक्षा व्यवस्था का परिणाम है। अगर हम अपने देश को अग्रणी देशों में देखना चाहते हैं तो शारीरिक, मानसिक और आध्यात्मिक दृष्टि से स्वस्थ नागरिक तैयार करना होगा और यह सब विद्यालयों में योग के अध्ययन और अभ्यास से ही सम्भव हो सकता है। विद्यालय के शिक्षकों को भी योग शिक्षा ग्रेहण करनी चाहिए ताकि वे अपने विद्यार्थियों को योग शिक्षा प्रदान कर सकें। जरूरत इस बात की है कि विद्यालयों के सुयोग्य, कर्मठ और देशभक्त शिक्षकों की विद्यालय पंचायत, प्रखण्ड स्तर पर शिक्षक योग मंडलियाँ बनाना चाहिए ताकि योग शिक्षा का प्रचार-प्रसार व्यापक रूप से हर विद्यालय में हर घर में किया जा सके।

प्रशिक्षित शिक्षकों को या शिक्षक योग मंडलियों को प्रत्येक विद्यालय, पंचायत और प्रखण्ड तथा जिला स्तर पर बाल योग मंडलियाँ गठित करना चाहिए ताकि भावी पीढ़ी को अपने देश की इस प्राचीनतम विद्या पर गर्व हो सके और योग शिक्षा का प्रसार हो सके।

विद्यालय प्रांगण योगासन की सबसे उत्तम जगह है। खुली जगह खुली हवा में बच्चे योगासन करें। प्रतिदिन निर्धारित समय में बच्चों को योगाभ्यास कराया जाना चाहिए।

एक छोटा प्रयोग बड़ा लाभ

सभी शिक्षकों को अपनी-अपनी कक्षाओं में प्रत्येक कक्षा को प्रारम्भ करने से पूर्व तीन बार ताड़ासन और तीन बार भ्रामरी प्राणायाम कराना चाहिए। इन दोनों विधियों का वर्णन अगले पृष्ठों पर किया गया है। इस तरह के प्रयोग से यह ज्ञात हुआ है कि बच्चों की सीखने और स्मरण करने की शक्ति में अद्‍भुत परिवर्तन हुआ है। बच्चे एकाग्रतापूर्वक पाठ को सीख लेते हैं और सबसे बड़ी बात है कि उन्हें कक्षाएँ बोझिल नहीं लगती हैं और थकान का अनुभव तक नहीं होता है। इन दोनों अभ्यासों को करने के लिए अलग स्थान की आवश्यकता भी नहीं है; बच्चे जहाँ बैठते हों वहीं इन अभ्यासों को कर सकते हैं।

अंततः मेरी राय में विद्यालय में अगर हम बच्चों को योग शिक्षा प्रदान करते हैं तो अपने देश को सँवारते हैं। अपनी आने वाली पीढ़ी को एक अच्छा समाज एवं नागरिक समुदाय दे पाएँगे। प्राचीन काल के आश्रमों में योग शिक्षा आश्रमों की दिनचर्या का अंग थी। यह याद दिलाना भी आवश्यक है कि आश्रम ही तो उन दिनों शिक्षा व ज्ञान के केन्द्र होते थे। हम सबका कर्तव्य बनता है कि योग शिक्षा के प्रसार में अपना बहुमूल्य सहयोग दें। विद्यालयों में जब हम सभी बच्चों को योग शिक्षा प्रदान करने की बात करते हैं तो योग के लिए आवश्यक सामान यथा—आसन, वस्त्र एवं अन्य सामग्रियों का ध्यान आता है। हमारे विद्यालयों में इसका अभाव है। तो क्या ऐसी

परिस्थितियों में विद्यालयों में योग शिक्षा का प्रचार-प्रसार नहीं होना चाहिए। इसी प्रश्न को ध्यान में रखकर ऐसे आसनों का ही इस पुस्तक में उल्लेख किया गया है जिनके लिए आसन की आवश्यकता नहीं होती है और खड़े होकर भी ये आसन किये जा सकते हैं।

योग शब्द का अर्थ होता है जोड़ना। जोड़ने, संयोग या मिलाना एक ही अर्थ में प्रयोग होता है। जोड़ से तात्पर्य दो अंकों, वस्तुओं या दो पक्षों के योग से है। इस तरह आध्यात्मिक रूप से देखें तो शरीर, मन और आत्मा की समग्र शक्तियों को परमात्मा के साथ संयोजित करना ही योग है। योग वास्तव में स्वयं प्रकाश आत्मा के स्वरूप को अनुभव कराने की विद्या है। योग मनुष्य को स्थूलता से सूक्ष्मता की ओर ले जाता है। अर्थात बहिर्मुखता से अंतर्मुखता की ओर ले जाता है।

अनेक लोग आसनों का अर्थ शक्तिशाली शारीरिक व्यायाम और शरीर को मांसल बनाने वाले अभ्यास से लगाते हैं। परंतु यह धारणा सर्वथा गलत है। योगासन शारीरिक अभ्यासों से भिन्न है। आसन शरीर की वह स्थिति है जिसमें व्यक्ति अपने शरीर और मन के साथ शांत, स्थिर और सुख से रहता है। पातंजलि ने लिखा है–**'स्थिरं सुखं आसन भू'**।

आसनों का अभ्यास स्वास्थ्य लाभ एवं उपचार के लिए भी किया जाने लगा है। मांसपेशियों में खिंचाव, आंतरिक अंगों की मालिश एवं स्नायुओं में सुव्यवस्था लाने की अत्यंत ही वैज्ञानिक पद्धति है योगासन। कई असाध्य रोगों में आसनों से आशातीत परिणाम

परिलक्षित हुए हैं। यह सही है कि आज हम सब योगासन का अर्थ अत्यंत ही संकुचित अर्थ में लेने लगे हैं। योग हमारे देश की प्राचीनतम विद्याओं में से एक है। परंतु दुर्भाग्य है कि इस देश में ही योग अब विदेशों से योगा के रूप उच्चारित किया जाता है और इसके गुणगान में यहाँ तक कहा जाता है कि आजकल योगा विदेशों में काफी प्रचलित है; वहाँ ऐसा हो रहा है, वहाँ वैसा हो रहा है आदि।

योग की चर्चा करते समय इसके प्रारम्भ होने के काल का निर्धारण करना अत्यंत कठिन है। परंतु विविध साहित्यों में जो साक्ष्य, दृष्टांत एवं उल्लेख है उनके आधार पर हमें निम्नलिखित जानकारियाँ प्राप्त होती हैं–

योग के आदि प्रवर्तक भगवान शंकर थे और उन्हें प्रधान योगाचार्य माना गया है। कहा जाता है कि इनके द्वारा प्राप्त योग का ही विस्तार बाद में अन्य आचार्यों एवं ऋषियों द्वारा किया गया है। हिरण्यगर्भ शास्त्र के आधार पर ही पातंजलि योग शास्त्र की रचना हुई ऐसा उल्लेख मिलता है और हिरण्यगर्भ ब्रह्मा जी का ही एक नाम है। इसलिए कुछ लोग योग के आदि प्रवर्तक ब्रह्मा जी को भी मानते हैं।

योगी दत्तात्रेय, योगी याज्ञवल्क्य को कुछ लोग योग के प्रवर्तक मानते हैं। धेरण्ड ऋषि को हठयोग का आचार्य और राजर्षि जनक को भी निष्काम कर्मयोग सिद्धि प्राप्त योगी की संज्ञा उपनिषदों और पुराणों से प्राप्त होती है। योग की चर्चा करते समय योगी गोरक्षनाथ जिन्हें बाद में गोरखनाथ से जाना जाता है की चर्चा अगर न की जाए तो योग चर्चा अधूरी रह जाएगी।

गोरखनाथ साधना के स्तर पर बाह्याडम्बर और व्यर्थ की बाह्य साधना के प्रति उपेक्षात्मक दृष्टिकोण अपनाया है और आसन, बंध,

मुद्रा आदि में श्रम और समय का अपव्यय ही होता है। गोरखनाथ जी ने प्राण में मन का और मन में प्राण का लय ही श्रेष्ठ योगाभ्यास कहा है।

योग के संबंध में चतुर्योग–कर्मयोग, भक्तियोग, राजयोग और ज्ञानयोग की चर्चा भी प्राचीन शास्त्रों में व्यापक रूप से हुई है। गीता योग, हठ योग, नादयोग, कुण्डलिनी योग एवं पातंजलि योग की पर्याप्त चर्चा उपलब्ध है। परंतु वर्तमान समय में योग के प्रमुख प्रणेता और दार्शनिक पातंजलि ऋषि माने गए हैं। पातंजलि का प्रसिद्ध ग्रंथ 'योगसूत्र' है। उन्होंने योग की व्याख्या योगाईचत्तवशति निरोध कह कर की है। योग सूत्र में चित्त की विविध वृत्तियों के निरोध के अनेक उपाय बताये हैं और उनकी विभिन्न अवस्थाओं का वर्णन भी किया है। चित्त की पाँच अवस्थाएँ हैं–(1) मूढ़ावस्था (2) क्षिप्तावस्था (3) विक्षिप्तावस्था (4) एकाग्रावस्था और (5) निरुद्धावस्था। इन सभी वृत्तियों का निरोध ही योग है।

पातंजलि के योग के कुल आठ अंग हैं–यम, नियम, आसन, प्राणायाम, प्रत्याहार, धारणा, ध्यान और समाधि। इसे अष्टांग योग भी कहते हैं। इनमें से यम, नियम, आसन, प्राणायाम और प्रत्याहार को बाह्य योग तथा धारणा, ध्यान और समाधि को अंतरंग योग कहा जाता है।

इन सभी अंगों की व्यापक व्याख्या भी पातंजलि के योगदर्शन में उपलब्ध है। चूँकि हम यहाँ आसनों की चर्चा कर रहे हैं इसलिए आसनों से पूर्व के अंगों यम, नियम की जानकारी प्राप्त करेंगे। यम पाँच हैं–अहिंसा, सत्य, अस्तेय, ब्रह्मचर्य और अपरिग्रह। शौच, संतोष, तप, स्वाध्याय और ईश्वर प्राणिधान ये पाँच नियम हैं। योग साधना में इन पाँचों नियमों का पालन अतिआवश्यक है। इनके

पालन से ही योग के व्यावहारिक रूप का पालन सम्भव हो पाता है।

यमों के पालन से सामाजिक व्यवहार शुद्ध बनता है तथा नियमों के पालन से निजी जीवन में शुद्धि एवं शुचिता आती है। यम एवं नियम का पालन करना योग साधना का आधार है। इनकी उपेक्षा से समुचित साधना सम्भव नहीं है। चूँकि सम्पूर्ण गतिविधियों का साधन शरीर माना गया है इसलिए शरीर को स्वस्थ रखना भी साधना का एक महत्त्वपूर्ण पहलू है।

आधुनिक जीवनशैली और योगासन

अब सवाल यह उठता है कि अगर योग साधना मुक्ति का माध्यम है तो आज के आधुनिक व्यक्ति के लिए इसकी क्या उपयोगिता है?

आधुनिक युग में हमारा जीवन पूर्णतः मशीनों पर निर्भर होते जा रहा है और मशीनवत भी होते जा रहा है। खान-पान, रहन-सहन की आदतें बिल्कुल कृत्रिम हो गई हैं। हमारा जीवन प्रकृति से दूर हटते जा रहा है और अपने प्राकृतिक सौंदर्य को कृत्रिमता में विलोपित करते जा रहा है।

हमारे भोजन में बनावटी रसायनों का मिश्रण काफी बढ़ गया है जो धीरे-धीरे हमारे शरीर, मन, मस्तिष्क और व्यवहार पर कुप्रभाव डाल रहा है। योगासनों के माध्यम से हम पुनः अपना प्राकृतिक सौंदर्य एवं स्वास्थ्य प्राप्त कर सकते हैं।

शारीरिक आराम एवं इंद्रिय सुख के लिए आज मनुष्य के पास अनेक सुविधाएँ हैं। आज का आदमी दिन दिन भर एक ही अवस्था

में बैठकर कार्यालय में काम करता है। हर जगह कार एवं आरामदायक वाहनों से यात्रा करता है। मुलायम मोटे गद्दों पर सोता है। मनोरंजन के लिए सिनेमाघरों व नाइट क्लबों में जाता है। आधुनिक जीवन के तनाव से दूर रहने के लिए नशा का प्रयोग करता है, नींद की गोली लेता है। लेकिन शांति, विश्राम और सुख की खोज में और अधिक फँसता जाता है।

समाज की दुश्चिंताओं और कुण्ठाओं की मार से मुक्त होने के लिए उसे कोई रास्ता नहीं मिलता है।

परंतु योगाभ्यास आदमी के आधुनिक जीवनशैली से जनित रोगों —कब्ज, गठिया, जकड़न, मोटापा, निराशा, कुण्ठा, तनाव आदि से मुक्ति दिलाता है। निरंतर अभ्यास करने वाले जीवन के विविध उत्तरदायित्वों एवं समस्याओं का सामना करने के लिए सक्षम शक्तिशाली और कुशल अनुभव करता है।

वैज्ञानिक आविष्कारों से इस वर्तमान युग में जीवन को आराम देने वाली वस्तुओं की भरमार है; परंतु बहुत कम लोग हैं जो इन विलास की सामग्रियों, साधनों का आनंद ले पाते हैं। धन एवं सुविधाओं के बावजूद जीवन नीरस हो गया है, भोगने की शक्ति नहीं है।

मानव के इस नीरस एवं निर्जीव ढंग को आसनों द्वारा सुधारा जा सकता है। आसनों के अभ्यास से आप अपने आप को नए जीवन में अनुभव करेंगे। पहले से शक्तिशाली, सहज एवं उपयोगी समझ सकेंगे। जरूरत इस बात की है कि अपनी आवश्यकता के अनुसार आसनों का निरंतर अभ्यास करें तथा यम नियमों का दृढ़ता से पालन करें।

ध्यान रखें केवल योगाभ्यास से कुछ भी परिर्वतन नहीं होगा

अगर यम नियमों का पालन न किया जाय। इस प्रकार योगाभ्यास आज आधुनिक जीवनशैली में अत्यंत ही आवश्यक हो गया है। पाश्चात्य देशों का योग के प्रति आकर्षित होने एवं इसमें तल्लीन होने के पीछे यही कारण है कि उन्हें आधुनिक जीवनशैली से कोई सुख प्राप्त नहीं हुआ है।

योगासन और व्यायाम

शरीर को स्वस्थ रखने के लिए अनेक विधियाँ प्रयोग में हैं। जिसमें विभिन्न प्रकार के व्यायाम भी शामिल हैं। आजकल तो व्यायाम करने कराने की मशीनें तक बन गई हैं। व्यायाम भी काफी लोकप्रिय होते जा रहे हैं। तो हमें यहाँ पर समझ लेना होगा कि व्यायाम और योगाभ्यास में क्या अंतर है अथवा क्या समानताएँ हैं।

(1) योगाभ्यास में श्वास वैज्ञानिक पद्धति के अनुसार शरीर में संकुचन एवं विस्तार के अनुरूप होती है। व्यायाम श्वास में प्रायः तीव्र तथा उथली होती है।

(2) योगाभ्यास में धीमी गति की प्रधानता होती है। जबकि शारीरिक व्यायाम अंगों का संचालन तीव्रता तथा वेग से किया जाता है।

(3) व्यायाम करने के पश्चात थकावट पैदा होती है जबकि योगाभ्यास से कोई थकावट नहीं होती वरन् पहले की थकावट दूर होती है।

(4) व्यायामों से शरीर में भारीपन तथा बुद्धि में स्थूलता आती है जबकि आसनों से बुद्धि में सूक्ष्मता, तीक्ष्णता और सात्विक

वृत्ति का उदय होता है।

(5) व्यायाम करते समय शीघ्रता से श्वास लेने के कारण फेफड़ों में ऑक्सीजन की कमी हो जाती है जबकि योगाभ्यास में ऐसा नहीं होता है।

(6) आसनों के अभ्यास से सूक्ष्म शरीर पर प्रभाव पड़ता है तथा प्राणशक्ति और प्राण ऊर्जा में संतुलन स्थापित होता है। व्यायाम से अधिक शक्ति और समय का अपव्यय होता है।

(7) व्यायाम से मन एकाग्र नहीं होता है जबकि आसनों से एकाग्रता में वृद्धि होती है।

(8) आसनों के पश्चात् संबंधित अंग पर ध्यान केन्द्रित किया जाता है जिससे टूटी-फूटी मांसपेशियाँ पुनः जुड़ जाती हैं जबकि व्यायाम में ऐसा नहीं होता है।

(9) आसन सभी उम्र के लोगों, बच्चों तथा स्त्रियों के लिए उपयोगी है। वृद्ध और बीमार भी आसन कर सकते हैं जबकि व्यायाम केवल युवा एवं स्वस्थ व्यक्ति ही कर सकते हैं। 9 वर्ष की आयु से 90 वर्ष तक की आयु के लोग आसन कर सकते हैं व्यायाम नहीं।

(10) आसनों से हृदय पर कोई विपरीत प्रभाव नहीं पड़ता है जबकि व्यायाम से हृदय पर जोर, तनाव और अधिक श्रम पड़ता है।

(11) योगासन से शरीर में लचीलापन आता है जबकि व्यायाम से शरीर में कड़ापन आता है। मांसपेशियाँ कठोर हो जाती हैं जिससे आमतौर पर बुढ़ापे में गठिया रोग पैदा हो जाता है।

(12) योगासन में आध्यात्मिक, मानसिक और शारीरिक तीनों प्रकार के लाभ प्राप्त होते हैं जबकि व्यायाम से केवल शारीरिक लाभ ही होता है।

(13) योगासन से श्वसन तंत्र, रक्त परिभ्रमण ग्रंथियों, स्नायु मंडल एवं मांसपेशियों पर सकारात्मक प्रभाव पड़ता है यही नहीं हड्डियों, शारीरिक सफाई को भी योगासन प्रभावित करता है जबकि व्यायाम से यह सब एक साथ नहीं होता है।

(14) आसन हमारी मानसिक शांति को बढ़ाने में सहायक होते हैं जबकि व्यायाम से प्रतियोगिता रूपी अशांति पैदा होती है।

(15) आसनों से आंतरिक अंगों पर भी प्रभाव पड़ता है जबकि व्यायाम में आंतरिक अंगों पर कोई सकारात्मक प्रभाव नहीं पड़ता है।

योगासन के प्रति सजगता एवं सावधानियाँ

(1) योगासन सदैव खाली पेट ही करना चाहिए। भोजन करने के कम-से-कम तीन-चार घंटे बाद ही आसन करना चाहिए तथा योगासन करने के आधा घंटे बाद ही कुछ खाना-पीना चाहिए।

(2) आसन करते समय श्वास सदैव नाक से ही लेना और छोड़ना चाहिए। आसनों के समय निर्दिष्ट विधि से श्वास लें तथा छोड़ें।

(3) योगासन प्रारम्भ करने की उम्र सीमा वैसे तो कोई नहीं है फिर भी 9 वर्ष की आयु से प्रारम्भ किया जाय तो अच्छा

है और जब तक कर सकें करें।

(4) अंगों को झुकाने, मोड़ने, उठाने के क्रम जितना कर सकें उतना ही करें। अनावश्यक दबाव न डालें। धीरे-धीरे वांछित स्थिति प्राप्त हो जाएगी।

(5) योगासन करते समय प्रतिस्पर्धा जैसी बात मन में नहीं रखनी चाहिए जितना कर सकें उतना ही करें।

(6) आसन नियमित रूप से नियत समय पर करें।

(7) योगासन में अनुशासन विश्वास तथा श्रद्धा आदि गुणों की अपेक्षा रहती है।

(8) आसन करने के बाद ठंडी हवा और तेज धूप में नहीं निकलना चाहिए।

(9) देर तक धूप में रहने के बाद तुरंत बाद आसन नहीं करना चाहिए और नहीं धूप में योगासन करना चाहिए।

(10) अभ्यास करते समय शरीर का कोई अंग पास की किसी वस्तु से छूना नहीं चाहिए।

(11) बीमार व्यक्तियों को छोटे-छोटे आसन थोड़ी मात्रा में करना चाहिए।

(12) आसन करने के बाद संबंधित अंग पर एक मिनट तक अपनी आँखें बंद कर ध्यान केंद्रित करना चाहिए।

(13) बैठकर किए जाने वाले आसनों में अभ्यास करते समय ध्यान रखें कि मोटे गद्दे पर आसन कदापि न किया जाए। कम्बल सर्वथा उपयुक्त आसन माना जाता है।

(14) अगर आसन करने के बाद कोई कठिनाई पैदा होती है तो शीघ्र आसनों का अभ्यास रोक देना चाहिए तथा किसी जानकार अभ्यासी से सलाह लेनी चाहिए।

(15) जहाँ तक संभव हो सके विद्यालय के शिक्षकों को योगासन का प्रशिक्षण प्राप्त कर लेना चाहिए ताकि बच्चों को अच्छे से सिखाया जा सके।

मुट्ठियाँ कसकर बाँधना

बच्चों को पंक्ति में खड़ा कर दें। एक-दूसरे से पर्याप्त दूरी रखें। सामने की ओर जमीन के समानान्तर दोनों हाथ फैलाएँ। कंधे से अँगुलियों तक पूरी बाँह सीधी रखें। दोनों हाथों की अँगुलियों को फैलाकर उनमें तनाव उत्पन्न कीजिए। अंगूठे को अंदर रखते हुए एवं अँगुलियों को कसकर खींचते हुए मुठ्ठी बंद कीजिए। फिर से अँगुलियों को फैलाइए, तनाव उत्पन्न कीजिए और पुनः मुट्ठी बंद कीजिए। इसे कम-से-कम दस बार दुहराइए। ध्यान रहे केहुनी के पास बाँह मुड़े नहीं। दोनों हाथों से एक साथ अभ्यास करने में कठिनाई हो तो बारी-बारी से एक हाथ से भी कर सकते हैं। मुट्ठी बाँधते समय साँस छोड़ें और खोलते समय लें। अभ्यास करने के बाद दो मिनट के लिए आँखें बंद कर जहाँ तनाव उत्पन्न हुआ है उसे अनुभव करें।

कलाई मोड़ना

पूर्व की अवस्था में रहना है। बाँह पूरी तरह जमीन के समानान्तर

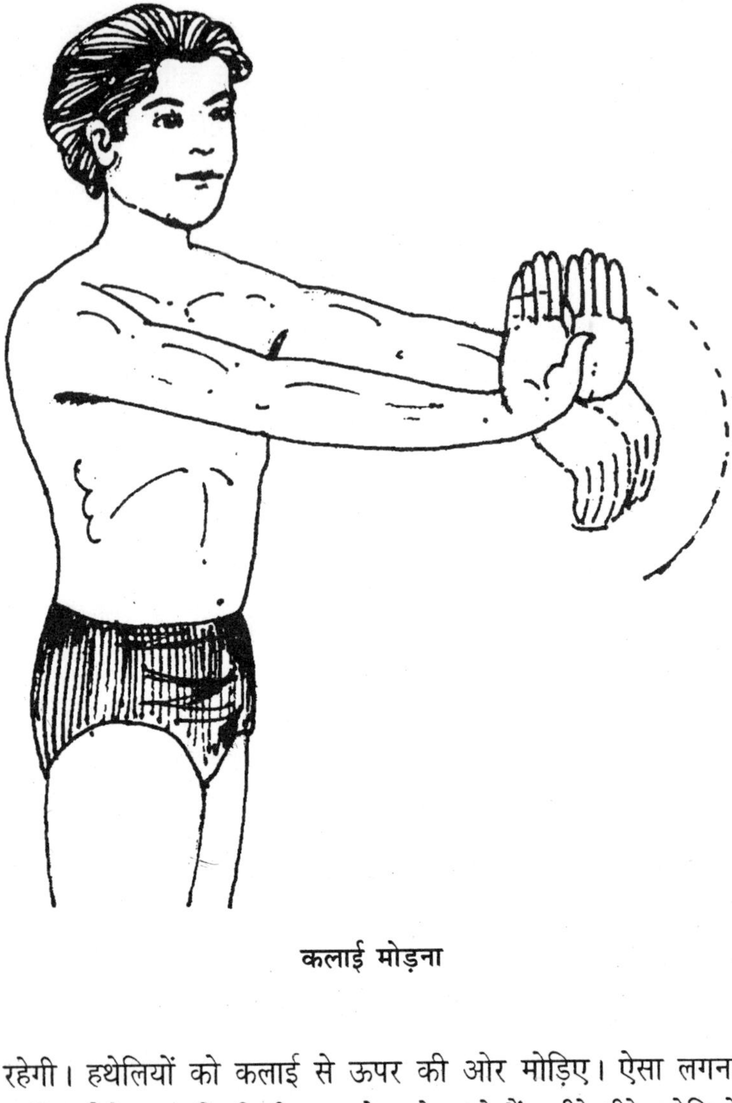

कलाई मोड़ना

रहेगी। हथेलियों को कलाई से ऊपर की ओर मोड़िए। ऐसा लगना चाहिए जैसे आप किसी दीवाल को धकेल रहे हैं। धीरे-धीरे हथेलियों को नीचे जमीन की ओर मोड़िए। पुनः धीरे-धीरे ऊपर की ओर उठाइए। इस अभ्यास को कम-से-कम दस बार दुहराइए।

कलाई के जोड़ घुमाना

दायीं बाँह को जमीन के समानान्तर पूर्व की भाँति फैलाकर रखें। अँगूठे को अंदर रखते हुए मुट्ठी बाँध लें। मुट्ठी बँधी हुई अवस्था में कलाई को घड़ी की सूई की दिशा में बायें से दायें 10 बार घुमाएँ। इसी अभ्यास को बायीं बाँह से करें।

तीसरी स्थिति में दोनों हाथों को एक साथ फैलायें कसकर मुट्ठी

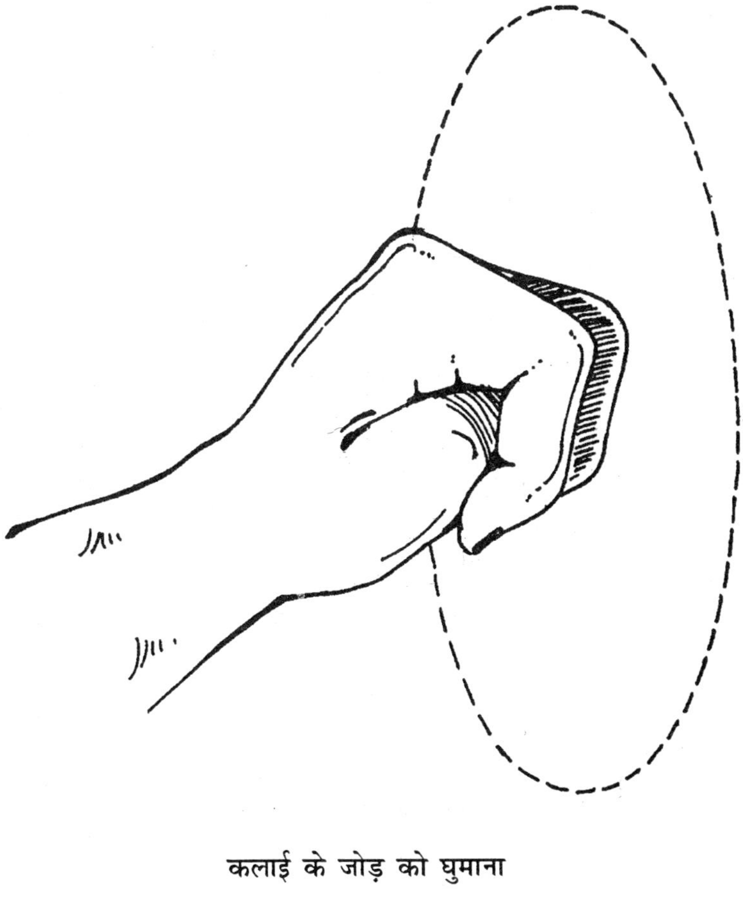

कलाई के जोड़ को घुमाना

बाँधें और दायें से बायें की ओर दस बार एवं पुनः उल्टी दिशा में दस बार अभ्यास करें।

केहुनियों को मोड़ना

जमीन पर पूर्व की भाँति खड़े हों। दोनों हाथ सामने की ओर फैलाएँ और जमीन के समानान्तर रखें। हथेलियों को ऊपर की ओर खुला रखें, केहुनी से हाथ को मोड़ें और सभी अँगुलियों से एक साथ कंधे को छुएँ। भुजाओं को फिर वापस सीधा करें और पुनः केहुनी से मोड़कर कंधे को छूने का प्रयास करें। इस अभ्यास को 10 बार

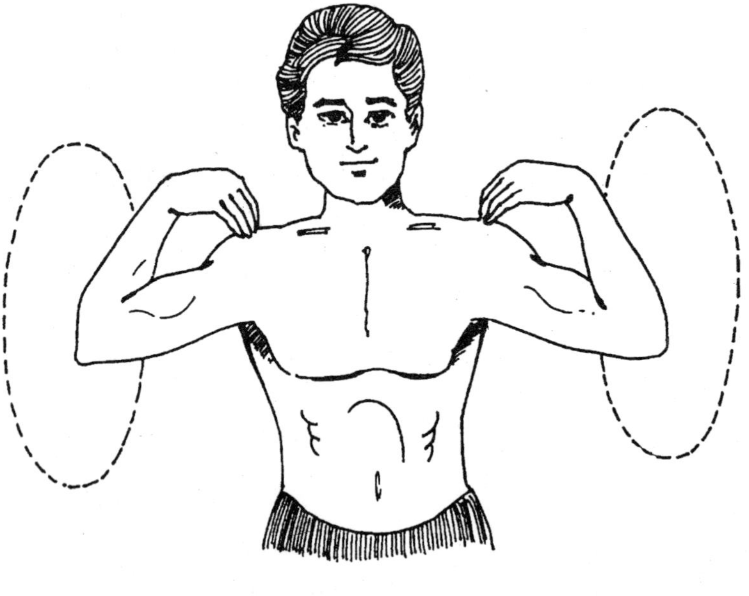

केहुनियाँ मोड़ना और कन्धों को घुमाना

दुहराइए। केहुनी मोड़ते समय श्वास छोड़ें और हाथ सीधा करते समय श्वास लें। इस अभ्यास को सामने की बजाए बगल में पंख की तरह फैलाकर भी किया जा सकता है। दस बार इसे भी करें।

कंधे को गोल-गोल घुमाना

हाथों को जमीन के समानान्तर फैलाकर रखें। बाँह को केहुनी से मोड़कर अँगुलियों को कंधे से सटायें और वृत्ताकार घुमाएँ। इस अभ्यास को दस बार दायें से बायें एवं दस बार बायें से दायें की ओर घुमाएँ। केहुनियों से बनने वाले वृत्त को जितना हो सके बड़ा बनाएँ। ऐसा करते समय केहुनियों को सीने के सामने एक-दूसरे से स्पर्श करने दें।

गर्दन का अभ्यास

(1) इस अभ्यास को जमीन पर बैठकर करें तो उत्तम होगा। खड़ा होकर भी इस अभ्यास को किया जा सकता है। बैठने की स्थिति में पैर सीधा रखते हुए दोनों हाथों को जंघों पर या जमीन की ओर रख लीजिए। धीरे-धीरे सिर को आगे की ओर झुकायें। कोशिश करें कि ठुड्डी छाती से सटे। अगर नहीं सटे तो जोर न लगाएँ। पुनः सर को जितना हो सके पीछे की ओर ले जाएँ। इस अभ्यास को दस बार दुहरायें।

(2) दूसरे चरण में सर को दायें और बायें ओर धीरे-धीरे जितना झुका सकें उतना झुकाना है। ध्यान रहे मुँह सामने की ओर ही रहे।

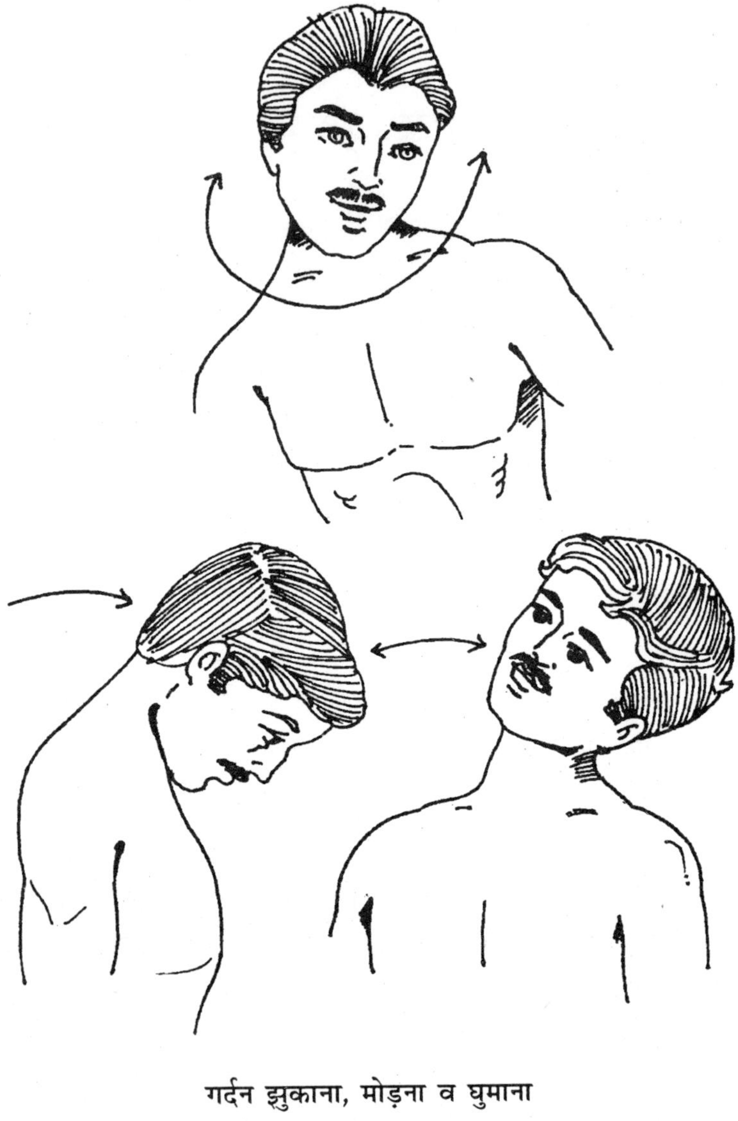

गर्दन झुकाना, मोड़ना व घुमाना

(3) तीसरे चरण में बिना किसी तनाव के जितना संभव हो सके उतना बड़ा गोलाकार घेरा सिर को घुमाते हुए बनाना है। इस अभ्यास को दस बार घड़ी की सूई की दिशा में दायें से बायें की ओर एवं दस बार उल्टी दिशा में बायें से दायें की ओर घुमायें।

पूरे अभ्यास में कहीं भी जोर नहीं लगाना है। अभ्यास करने के बाद आँखें बंद कर जहाँ-जहाँ तनाव खिंचाव महसूस हुआ हो उसे अनुभव करें।

लाभ–शरीर को मस्तिष्क से जोड़ने वाली सभी नसें व शिरायें गर्दन से ही होकर गुजरती हैं। मस्तिष्क और शरीर एक हड्डी के माध्यम से जुड़ा है। इस अभ्यास से गर्दन स्वस्थ सुडौल बना रहता है और दर्द आदि नहीं होता है।

हस्त उत्तानासन

पंजों को सटाकर खड़े हो जायें। हाथों को पेट के सामने कैंचीनुमा आकार में रखिए। हाथों को इसी स्थिति में ऊपर ले जाते हुए गर्दन को पीछे की ओर झुकाइए।

वापस भुजाओं को कंधे के सीध में दोनों ओर फैला दीजिए। पुनः कलाइयों को कैंचीनुमा बनाकर पहली स्थिति में ले जाइए और इस अभ्यास को दस बार दुहरायें।

हाथों को उठाते समय श्वास लें तथा नीचे लाते हुए छोड़ें। हाथों को उठी हुई स्थिति में श्वास अंदर ही रखें।

लाभ : यह कंधे के जोड़ों के दर्द को ठीक करता है। मस्तिष्क जागृति केंद्रों को उत्तेजित करता है।

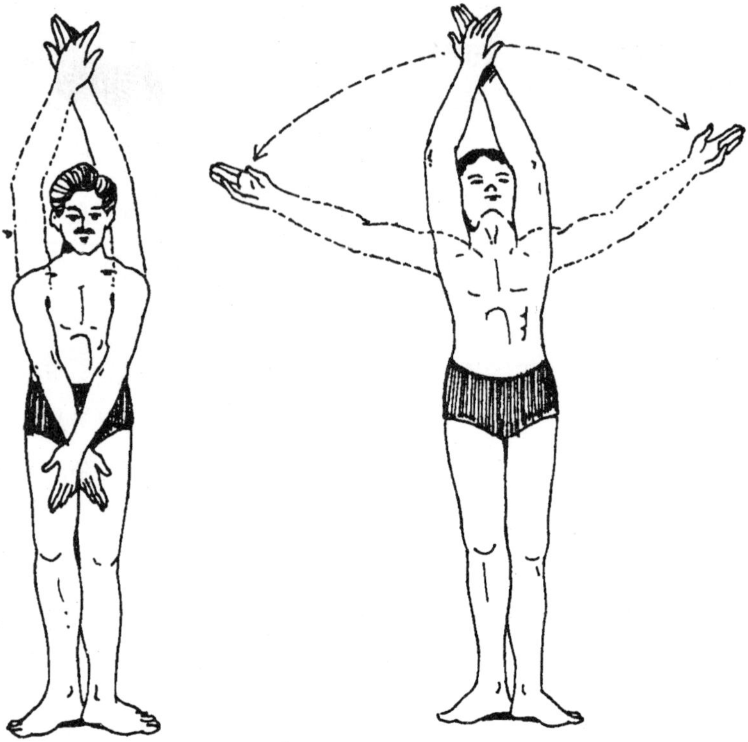

हस्त उत्तानासन

आकार्षण धनुरासन

कंधे की चौड़ाई के बराबर फासला रखते हुए पैर फैलाकर खड़े हो जाइए। दायें पैर से एक छोटा कदम आगे की ओर रखें। दायीं मुट्ठी को कसिये और ऊपर बगल में ले जाइए। बायीं मुट्ठी को भी कसिये और दायीं मुट्ठी से थोड़ा पीछे रखिये। दायीं मुट्ठी से धनुष पकड़ने की तरह मुट्ठी कसें और बायीं मुट्ठी से बाण पकड़ने जैसा मुट्ठी

कसें। बायीं मुट्ठी को पीछे कान तक खींचिए, मानों आप कोई धनुष पकड़ कर बाण खींच रहे हों। इसके साथ सिर भी थोड़ा पीछे करें। पुनः काल्पनिक धनुष की डोरी को ढीली छोड़ते हुए, गर्दन सीधी करते हुए अपनी-अपनी बायीं मुट्ठी को सामने की ओर दायीं मुट्ठी के पास ले जाइए जैसा पहले था। इस अभ्यास को पाँच बार दुहराइए और पुनः पाँच बार हाथों की स्थिति बदलकर दुहराइए। हाथ खिंचते समय श्वास लीजिए एवं ढीला छोड़ते समय श्वास भी छोड़िए। इस अभ्यास से बाँह, सीने व गर्दन की मांसपेशियों का विकास होता है।

आकार्षण धनुरासन

कटि चक्रासन की दो स्थितियाँ हैं और बच्चों को दोनों ही प्रकार से यह आसन करना चाहिए।

पहली स्थिति : पैरों को पूरा फैलाकर खड़े हो जायें। नाभि के सामने अपनी अँगुलियों को आपस में फँसाकर रखिए। भुजाओं को सिर के ऊपर उठाइए और कलाइयों को घुमाकर हथेलियों को ऊपर

कटि चक्रासन-1

की ओर पलट लेना है। कमर के बल आगे की ओर झुकते हुए समकोण बनाइए और पीठ को सीधा करते हुए हाथों पर दृष्टि रखिए, धीरे-धीरे धड़ को दायीं तरफ घुमाइए और फिर बायीं ओर घूम जाइए। पुनः बायीं से दायीं ओर पूर्व की स्थिति में आ जाइए। इस आसन को कम-से-कम छः बार कीजिए। भुजाओं को ऊपर उठाते समय, दायें घूमते समय तथा सिर के ऊपर हाथ वाली स्थिति में लौटते समय श्वास लेना है। शरीर को झुकाते समय, बायीं ओर घूमते समय तथा भुजाओं को नीचे करते समय श्वास छोड़िए। इस आसन से कमर की हड्डी मजबूत होती है तथा पाचन शक्ति बढ़ती है।

दूसरी स्थिति : पैरों को पूरा फैलाकर खड़े हो

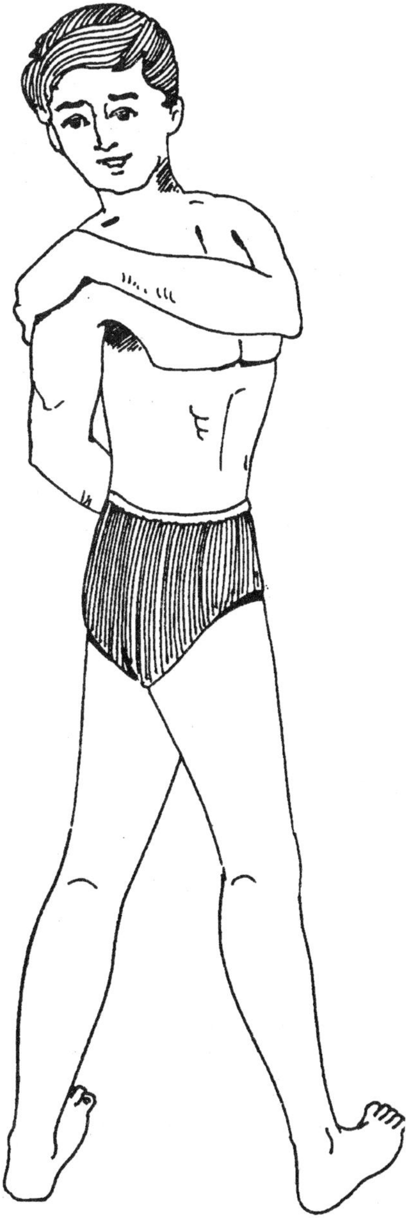

कटि चक्रासन-2

जायें। कंधे की ऊँचाई तक भुजाओं को बगल में फैला लीजिए। शरीर के ऊपरी भाग को पहले दायें तरफ मोड़िए। बायाँ हाथ कंधे पर तथा दाहिना हाथ कमर के पीछे की ओर से लिपटा दीजिए।

पुनः इसी अभ्यास को उलट कर कीजिए। शरीर को बायीं तरफ मोड़िए। दाहिने हाथ को बायें कंधे पर तथा बायें हाथ को पीछे से घुमाकर कमर में लपेट दीजिए। इस अभ्यास के दौरान श्वास की गति सामान्य ही रहेगी।

इस अभ्यास को दस बार दुहरा सकते हैं। यह आसन कमर, पीठ, कूल्हों, मेरुदण्ड तथा शरीर के अन्य जोड़ों को सुधारता है, सुडौल बनाता है। इस अभ्यास से पेट की मालिश भी हो जाती है।

ताड़ासन

दोनों पैरों के बीच में पाँच-छः इंच का फासला रखते हुए सीधे खड़े हो जाएँ। दोनों आँखों के ठीक सामने पड़ने वाली किसी चित्र अथवा वस्तु पर अपनी दृष्टि टिका दीजिए। दोनों भुजाओं को सिर के ऊपर सीधे उठा लीजिए। अँगुलियों को कैंचीनुमा फँसाकर

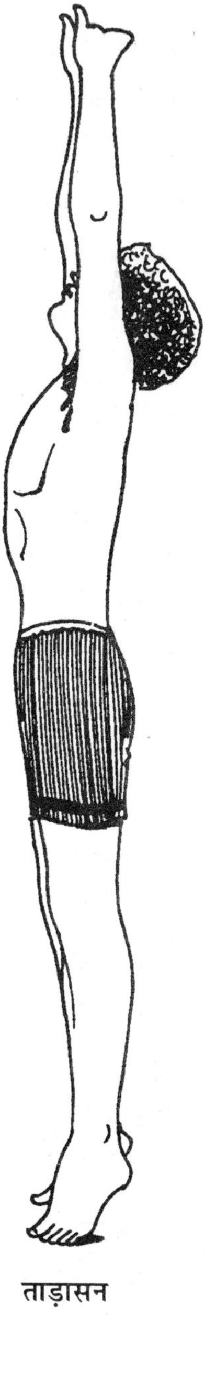

ताड़ासन

हथेलियों को ऊपर की ओर रखें। सिर को थोड़ा पीछे झुकाकर ऊपर हाथों को देखें।

पंजे के बल खड़े होते हुए एड़ियों को ऊपर उठाइए और अनुभव कीजिए जैसे आपको ऊपर की ओर खींचा जा रहा है। शरीर को पूरी तरह से ऊपर की ओर खींचिए। धीरे-धीरे एड़ियों को वापस जमीन पर ले आइए।

एड़ियाँ जैसे-जैसे वापस जमीन पर आयें, दोनों हाथ भी धीरे-धीरे नीचे लावें तथा हथेलियों को सिर पर रख लें। ऊपर उठते समय श्वास अंदर लें व नीचे आते समय बाहर कीजिए। इस अभ्यास को दस बार कीजिए। यह आसन शीर्षासन के विपरीत आसन है।

यह आसन मलाशय एवं आमाशय की मांसपेशियों को विकसित करता है और आँतों को फैलाता है। यह मेरुदण्ड के सही विकास में सहायता करता है और जिन बिन्दुओं से स्नायु निकलते हैं उनके अवरोधों को दूर करता है।

तिर्यक ताड़ासन

अपने पैरों के बीच 4-6 इंच की दूरी बनाते हुए सीधे खड़े हो जाइए। दोनों आँखों के ठीक सामने पड़ने वाली किसी चित्र अथवा वस्तु पर अपनी दृष्टि टिका दीजिए।

दोनों भुजाओं को सिर के ऊपर सीधे उठा लीजिए। अँगुलियों को कैंचीनुमा फँसाकर हथेलियों को ऊपर की ओर कर लीजिए। पैरों की उँगलियों पर खड़े हो जाइए तथा एड़ी को ऊपर उठाइए। पूरे शरीर को पहले दायीं ओर जितना झुका सकते हैं झुकाएँ फिर वापस

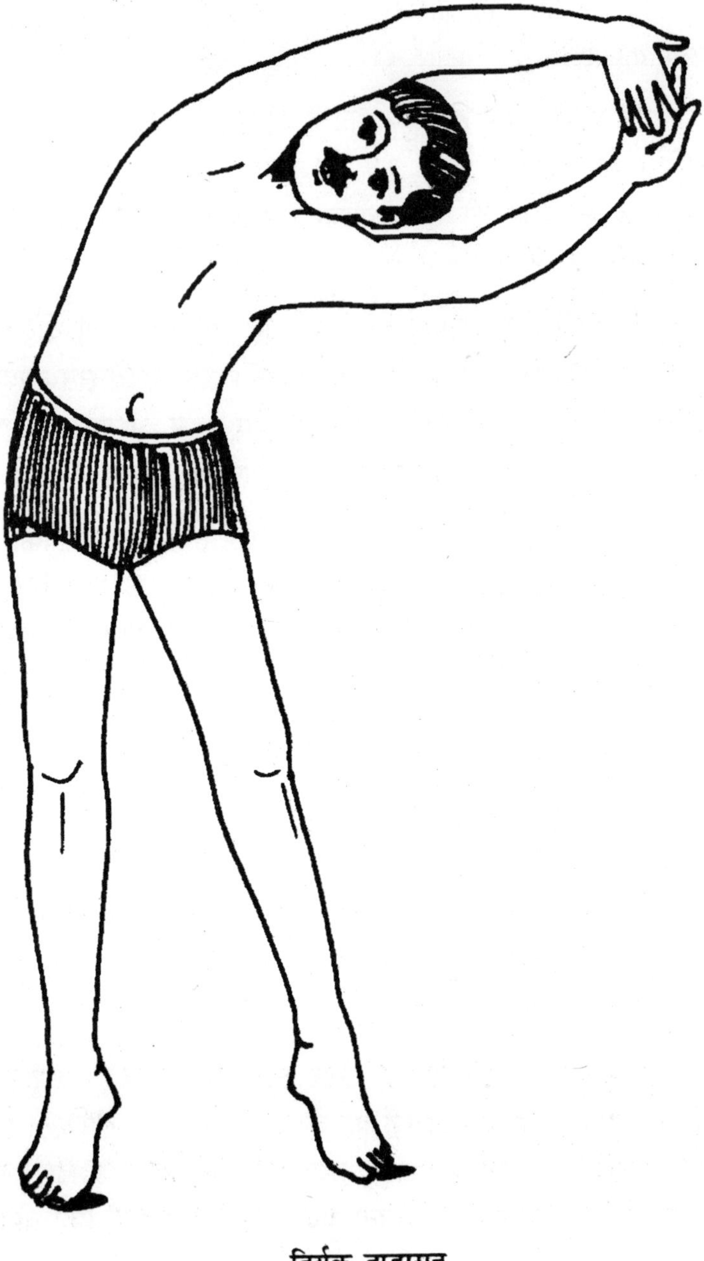

तिर्यक ताड़ासन

जैसे खड़े थे खड़े हो जाएँ। पुनः पहले की तरह शरीर को बायीं तरफ झुकाएँ; झुकने की गति कमर के पास से प्रारम्भ होनी चाहिए।

प्रत्येक ओर यानी दायें और बायें दस-दस बार झुकिये और बीच में एड़ी और तलवों पर खड़े हो जाएँ।

अँगुलियों के बल खड़े होकर संतुलन बनाने में यदि कठिनाई हो तो अभ्यास केवल पंजों पर खड़े होकर भी किया जा सकता है। ऊपर उठते समय एवं दायें- बायें झुकते समय श्वास छोड़ें और अन्य स्थितियों में श्वास लें।

इस आसन से आमाशय, मलाशय की मांसपेशियाँ सक्रिय होती हैं और आँतें फैलती हैं। कमर की हड्डियों को सक्रिय एवं लचीला बनाता है।

उत्थित लोलासन

अपने पंजों के बीच 5-6 फुट का फासला रखते हुए खड़े हो जाएँ। दोनों भुजाओं को सिर के ऊपर उठायें और कलाइयों को आगे की ओर झुका लें।

धड़ (कमर से ऊपर का भाग) को कमर से आगे व नीचे की ओर धीरे-धीरे झुकाते जाएँ। दोनों पैरों के बीच अपनी भुजाओं को झूले की भाँति झुलायें। झुकी हुई स्थिति में पाँच बार आगे पीछे झूलने के बाद पुनः सीधे खड़े हो जाएँ।

श्वास हाथों को ऊपर उठाते समय लेना है और नीचे झूलते समय छोड़ना है। इस अभ्यास को अधिकतम दस बार ही करना है। यह आसन रक्त संचालन को सक्रिय करके थकान को मिटाता है।

उत्थित लोलासन

घुटनों, कूल्हों और पीठ की मांसपेशियों को फैलाता है।

जिस व्यक्ति को उच्च रक्तचाप अथवा सिर में चक्कर आने की शिकायत हो उन्हें यह अभ्यास नहीं करना चाहिए।

उत्तानासन

अपने पैरों के बीच 4-6 इंच की दूरी बनाते हुए सीधे खड़े हो जाइए। दोनों हाथों की अँगुलियों को कैंचीनुमा फँसाकर सामने की ओर ढीला छोड़ दें। धीरे-धीरे घुटनों को मोड़ते हुए धड़ को जितना नीचे ले जा

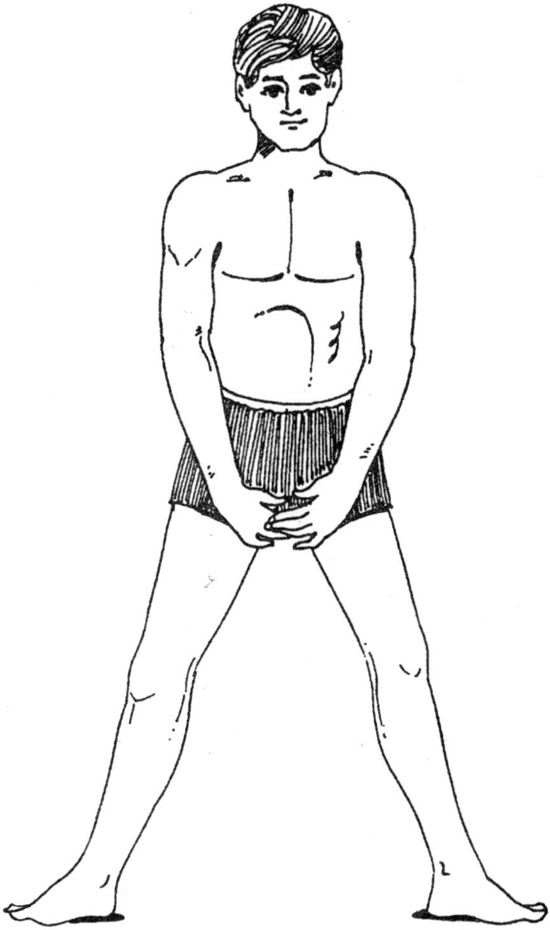

उत्तानासन

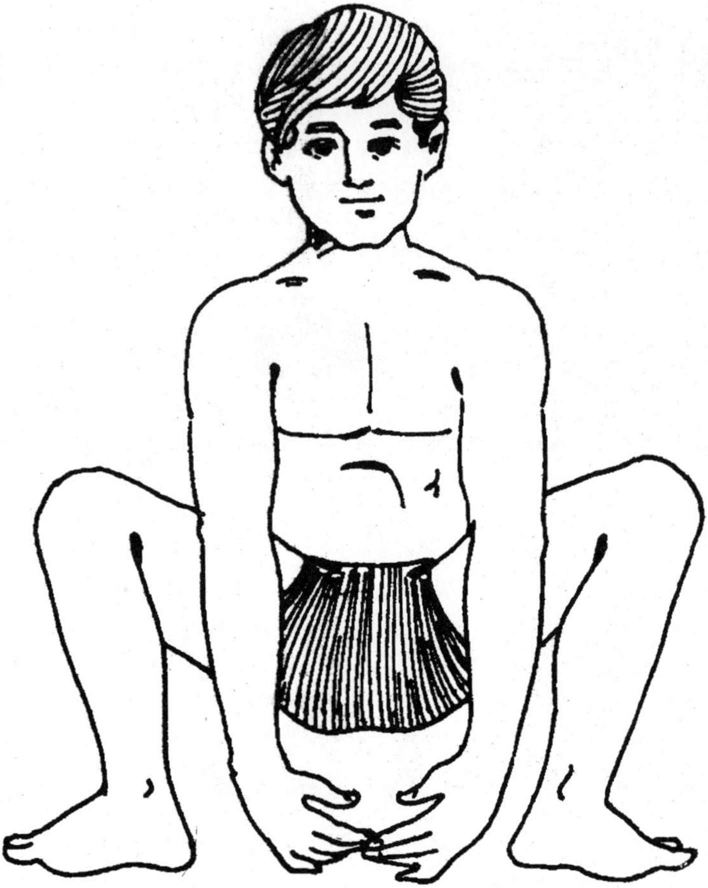

उत्तानासन

सकते हैं उतना ही नीचे ले जाइए। पुनः सीधी स्थिति में आ जाएँ। इस तरह से इस आसन को तीन-चार बार कीजिए और हर बार कुछ अधिक नीचे जाइए। पाँचवीं बार में हाथ को फर्श से थोड़ा ऊपर रखें, सटायें नहीं।

ऊपर आते समय धीरे-धीरे श्वास लेना है और नीचे जाते समय

श्वास धीरे-धीरे छोड़ना है। इस अभ्यास को दस बार करना चाहिए। इस अभ्यास से जाँघों, घुटनों और टखनों की मांसपेशियाँ मजबूत होती हैं।

द्विकोणासन

दोनों पैरों के पंजों को आपस में सटाकर फर्श पर खड़े हो जाइए। दोनों हाथों को पीठ के पीछे ले जाइए। अँगुलियों को आपस में

द्विकोणासन

फँसाकर जितना सम्भव हो सके भुजाओं को ऊपर उठाइए तथा धीरे-धीरे आगे की ओर झुकते जाइए। अंतिम स्थिति में यानी पूरा झुकने के बाद कुछ क्षण के लिए रुकिये और फिर सीधे खड़े हो जाइए।

खड़े होने की स्थिति में श्वास अंदर लीजिए और झुकने की स्थिति में श्वास छोड़िए।

इस अभ्यास को दस बार करना चाहिए। इस आसन से ऊपरी रीढ़ और कंधों की हड्डियों के बीच की मांसपेशियों को शक्ति प्राप्त होती है तथा सीने एवं गर्दन का विकास होता है। बढ़ते हुए बच्चों के लिए विशेष फायदेमंद है।

त्रिकोणासन

दोनों पैरों को आराम से जितना फैला सकते हैं फैला लें और सीधे खड़े हो जाएँ। कंधे की ऊँचाई तक दोनों भुजाओं को एक सीध में फैलाइए।

दाहिने घुटने को मोड़ते हुए शरीर को दाहिनी ओर झुकायें। दाहिने हाथ से दायें पंजे को छुएँ और बायें हाथ को दाहिने हाथ की सीध में रखें।

पुनः दोनों भुजाओं को एक सीध में रखते हुए पूर्व की तरह खड़े हो जाइए। इस अभ्यास को एक बार दायीं तरफ से तथा दूसरी बार बायीं तरफ से करें। इस आसन को दस बार करें।

भुजाओं को उठाते समय तथा सीधे खड़े होते समय श्वास लीजिए। बगल में नीचे झुकते समय श्वास छोड़िये। स्नायविक तनाव,

त्रिकोणासन

निराशा आदि में विशेष रूप से लाभकारी है। क़ब्ज दूर करके भूख बढ़ाता है। यह आसन बढ़ते उम्र के लड़कों एवं लड़कियों के लिए विशेष रूप से लाभकारी है।

गरुड़ासन

जमीन पर सीधे खड़े हो जाएँ। बायें पैर को दायें पैर से लपेट लें। दोनों हाथों को केहुनी के पास से उसी प्रकार से लपेट लें। हथेली

से हथेली को मिलाकर दोनों हाथों को नाक के पास ले जाएँ।

इस आसन को दूसरे पैर से और तरफ से लपेट कर बारी-बारी से करना चाहिए। श्वास की स्थिति सामान्य रहेगी।

इस आसन को करने से केहुनियों का दर्द दूर होता है। अंडकोष की वृद्धि जो अक्सर युवाओं में होती है को रोकता है।

पैरों के स्नायुओं को स्वस्थ रखता है तथा संतुलन बनाने का अभ्यास होता है।

पादहस्तासन

दोनों पंजों को मिलाकर सीधे खड़े हो जाएँ। पंजों के बीच थोड़ी-सी जगह रखें। दोनों हाथ ऊपर उठायें तथा शरीर को उठे हुए हाथ के साथ-साथ धीरे-धीरे नीचे की ओर ले जाएँ, घुटने से पैर मुड़ना नहीं चाहिए।

दोनों हाथों की केहुनियाँ भी नहीं मुड़नी चाहिए। हथेलियों से पैर को अथवा पैर के पास की जमीन को छूने

गरुड़ासन

की कोशिश करें। इस आसन को करते समय कहीं भी जोर न लगायें। झुकते समय ललाट घुटने से सटायें।

नीचे झुकते समय श्वास धीरे-धीरे बाहर छोड़ें और पेट को भीतर की ओर खींचें। इस आसन से पेट की वायु बाहर निकलती है। पेट व शरीर की अनावश्यक चर्बी कम होती है।

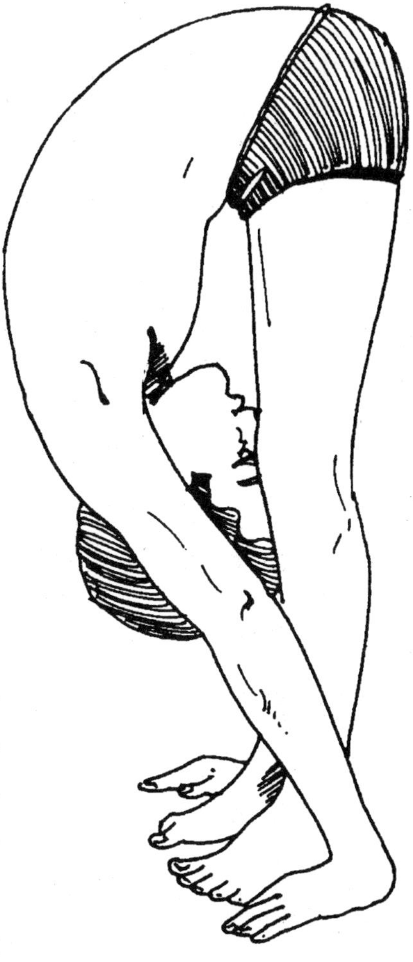

पादहस्तासन

बकासन

पैरों को एक-दूसरे के समीप रखकर खड़े हो जाएँ। कमर के बल सामने की ओर झुकिये और दोनों हाथों से बायें पैर की अँगुलियों को पकड़िये। दाहिने पैर को पीछे की ओर जितना अधिक उठा सकें उठायें। ध्यान रहे दोनों पैरों में से किसी पैर का घुटना न मुड़े।

इस स्थिति में जितनी देर तक रह सकते हैं रहिये। इस अभ्यास को पुनः बायें पैर से करें। दोनों पैरों से पाँच-पाँच बार कुल मिलाकर दस बार करें।

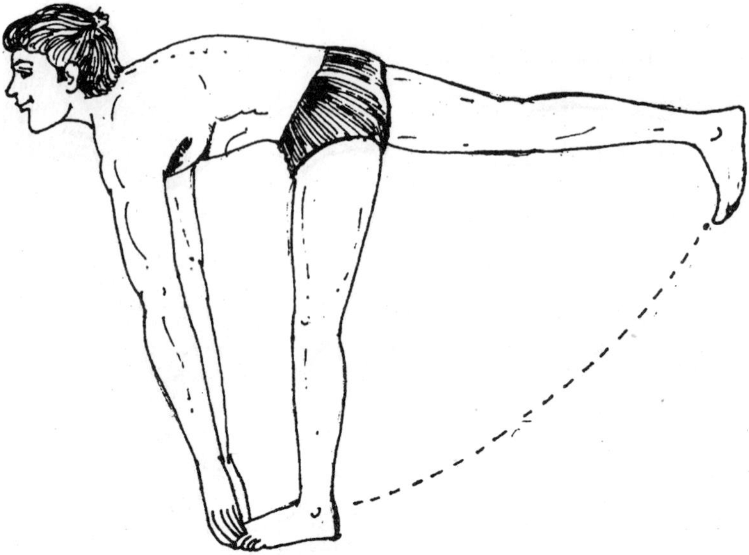

बकासन

कमर से झुकते समय श्वास छोड़ें और सीधी स्थिति में लौटते समय श्वास लें। अन्य अवस्थाओं में श्वास सामान्य एवं स्वाभाविक रखें। शरीर के संतुलन पर ध्यान रखें।

इस आसन से मस्तिष्क में रक्त संचार ठीक से होता है। हाथों, कलाइयों और पैर के स्नायु शक्तिशाली बनते हैं।

एक पादासन

यह आसन संतुलन बनाने का अभ्यास है। दोनों पैरों को समीप रख कर सीधे खड़े हो जाएँ। दोनों हाथों की अँगुलियों को आपस में बाँधकर सिर के ऊपर उठाइए। धीरे-धीरे सामने की ओर झुककर कमर, सिर और दोनों हाथों को एक सीधी रेखा में ले आइए। अब

एक पादासन

बायें पैर को धीरे-धीरे ऊपर उठाते हुए बायीं एड़ी, नितम्ब, पीठ, सिर और दोनों हाथों को सीधी रेखा में ले आइए। ध्यान रहे दायाँ पैर खम्भे की भाँति सीधा खड़ा रहे। आराम से जितनी देर तक इस स्थिति में रह सकते हैं रहें। इसके बाद धीरे-धीरे पूर्व की स्थिति में आ जाइए। अब इस आसन को दूसरे पैर से करें। इस आसन को दस बार करना चाहिए।

हाथों को ऊपर उठाते समय श्वास लें एवं सामने झुकते समय छोड़ें। शेष सभी स्थितियों में श्वास सामान्य रहेगा। इस आसन से शारीरिक संतुलन बनाने में मदद मिलता है साथ ही कमर एवं पीठ दर्द में भी लाभ मिलता है।

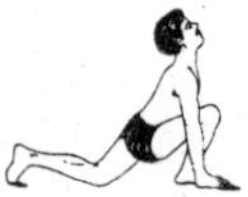

सूर्य नमस्कार

सूर्य नमस्कार एक अत्यंत ही महत्त्वपूर्ण अभ्यास है। कुछ विद्वान सूर्य नमस्कार को आसन नहीं अभ्यास मानते हैं, जबकि कुछ इसे आसनों की श्रेणी में रखते हैं। स्वामी निरंजनानन्द जी ने कहा है जो अभ्यास श्वास और ध्यान से संबंधित हो उन्हें आसन कहा जा सकता है। जिनमें ध्यान व श्वास का समावेश न हो उन्हें व्यायाम कहा जाता है। यह अभ्यास / आसन शरीर के सभी जोड़ों व मांसपेशियों को ढीला करने तथा आंतरिक अंगों की मालिश करने का अत्यंत प्रभावशाली तरीका है और इसे आसनों की श्रेणी में रखा जाता है। प्रातः स्नान एवं अन्य योग विधियों के पूर्व इसे करना श्रेष्ठ माना जाता है। दिन में कभी भी इस आसन को किया जा सकता है। अगर जब कभी थकान का अनुभव हो तो तत्काल सूर्य नमस्कार करने से थकान दूर हो जाती है।

सूर्य नमस्कार 12 स्थितियों से मिलकर बना है जिसमें से प्रत्येक का राशि चक्र के 12 चिन्हों से संबंध है। सूर्य नमस्कार एक पूर्ण चक्र में इन्हीं 12 स्थितियों को क्रम से दो बार दुहराया जाता है। 12 स्थितियों में से प्रत्येक के साथ एक मंत्र भी जुड़ा है। इस अभ्यास से अधिक लाभ लेने के लिए इन मंत्रों का मौखिक अथवा मानसिक उच्चारण करना चाहिए। परंतु समुदाय के कुछ वर्ग इन मंत्रों का उच्चारण अपने धार्मिक कारणों से नहीं कर पाते हैं, उन्हें या तो अपने धर्म के मंत्र का उच्चारण करना चाहिए अथवा मौन रहना चाहिए।

हिन्दू धर्म का और विशेष रूप से योग साधना का सर्वाधिक महत्त्वपूर्ण मंत्र 'ॐ' है। यह ईसाई धर्म का 'आमेन' तथा इस्लाम धर्म के 'आमीन' का मूल है।

स्थिति (1) नमस्कारासन

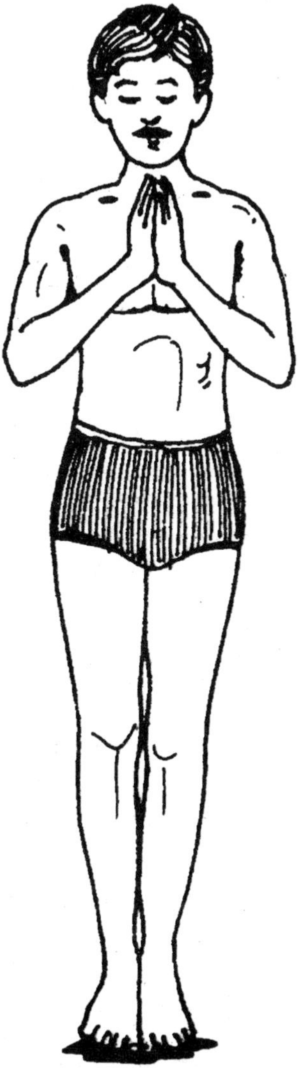

स्थिति-1

दोनों पंजों को मिलाकर सीधे खड़े हो जाएँ। अगर सम्भव हो तो पूर्व दिशा की ओर मुख कर खड़े हों। पूरे शरीर को शिथिल छोड़ दीजिए। दोनों हाथों को केहुनियों से मोड़ते हुए हथेलियों को आपस में सटाकर नमस्कार करने की मुद्रा में आ जायें। ऐसा करते समय दोनों हाथ छाती से भी सटे होने चाहिए। इस आसन में जैसा कि बताया गया है 'ॐ मित्राय नमः' मंत्र का उच्चारण मौखिक अथवा मानसिक रूप से करना है। अगर किन्हीं कारणों से मंत्र का उच्चारण नहीं करना चाहते हैं तो आप मौन भी रहकर अभ्यास कर सकते हैं। नमस्कारासन की मुद्रा में श्वास की गति सामान्य रहेगी। इस आसन से अन्य आसनों के लिए एकाग्रता और शांति आती है।

स्थिति (2) हस्त उत्तानासन

पूर्व की स्थिति में रहते हुए दोनों भुजाओं को ऊपर उठायें और कंधे

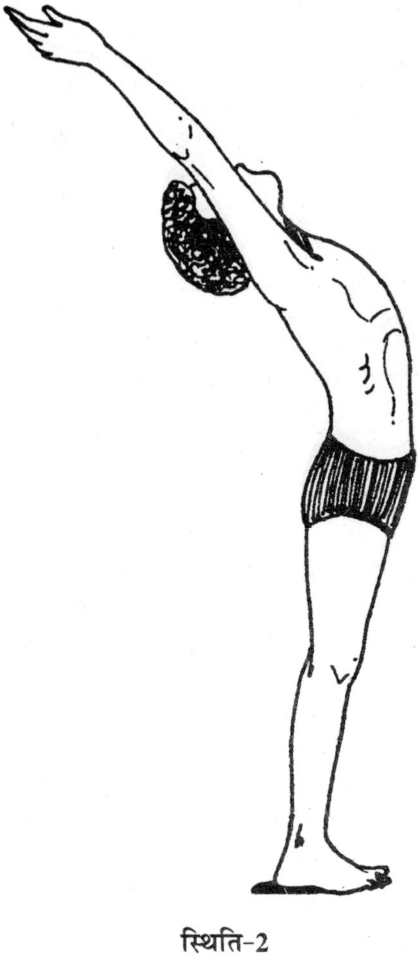

स्थिति-2

की चौड़ाई के बराबर दोनों भुजाओं में दूरी रखें। सिर और धड़ को धीरे-धीरे पीछे झुकाएँ, दोनों हाथ जोड़े हुए मंत्र का उच्चारण कीजिए। इस आसन का मंत्र है—'ॐ रवये नमः'। भुजाओं को ऊपर उठाते समय श्वास लीजिए। इस आसन से पेट की अतिरिक्त चर्बी घटती है तथा पाचन शक्ति बढ़ती है। भुजाओं एवं कंधे की मांसपेशियों

का व्यायाम हो जाता है।

स्थिति (3) पाद हस्तासन

पूर्व की स्थिति से धीरे-धीरे सामने की ओर झुकते जाइए। तब तक झुकते जाएँ जब तक दोनों हाथों की अँगुलियाँ पैर के सामने तथा बगल के जमीन को स्पर्श न कर लें। सिर को घुटनों से स्पर्श कराने का प्रयास करें। जमीन छूने अथवा घुटने को स्पर्श कराने के चक्कर में अनावश्यक जोर न लगायें। ठेहुने से झुकना भी नहीं है और पैर सीधा रखना है। सामने की ओर झुकते समय श्वास छोड़िये। अधिक से अधिक श्वास बाहर निकलने तक पेट को अंदर सिकोड़िये। इस आसन में आने पर 'ॐ सूर्याय नमः' मंत्र का उच्चारण करना है। यह आसन पेट की बीमारियों को दूर भगाता है। पेट की चर्बी कम

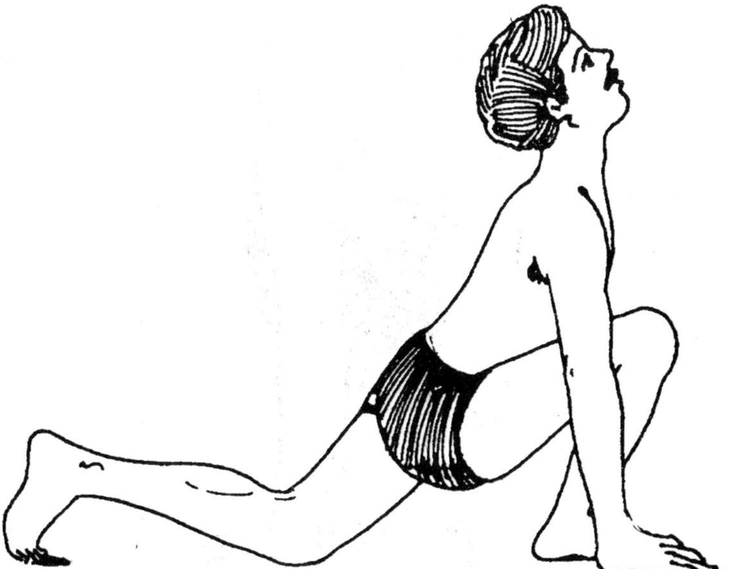

स्थिति-3

करता है, कब्ज़ दूर होती है साथ ही रीढ़ की हड्डी लचीला बनती है और रक्त संचार सुव्यवस्थित होता है।

स्थिति (4) अश्व संचालन

पूर्व की अवस्था में रहते हुए बायें पैर को जितना संभव हो सके पीछे जमीन पर फैलाइए। इसके साथ ही दायें पैर को मोड़िए, लेकिन ध्यान रहे कि दोनों पंजे अपने स्थान पर पूर्व की भाँति ही रहें और दोनों

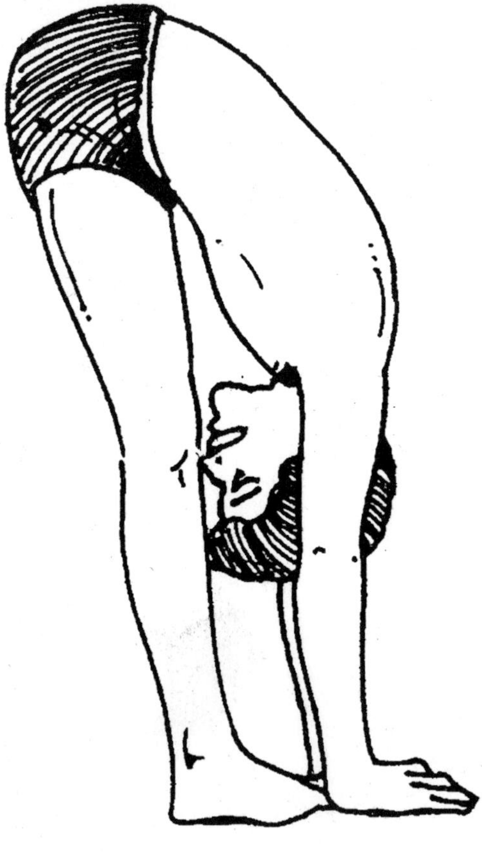

स्थिति-4

बाँहें सीधी रहें। शरीर का सम्पूर्ण भार दोनों हाथों, बायें पैर के पंजे घुटने, और दायें पैर की अँगुलियों पर होना चाहिए। अंतिम स्थिति में सिर को ऊपर उठाइए और पीठ को धनुषाकार बनाइए और नज़र को ऊपर रखते हुए मंत्र का उच्चारण करें 'ॐ भानवे नमः' बायें पैर को पीछे ले जाते समय श्वास लें। इस अभ्यास से पैरों की मांसपेशियों को शक्ति मिलती है और आमाशय के अंगों की मालिश होती है।

स्थिति (5) पर्वतासन

पूर्व की स्थिति में रहते हुए ही दायें पैर का सीधा करते हुए बायें पैर के पंजे के पास ले जाएँ। नितम्बों को ऊपर उठाइए एवं सिर को दोनों भुजाओं के बीच लायें। अंतिम स्थिति में पैर और भुजाएँ सीधी रहें। ध्यान रखना है कि इस स्थिति में पैर की एड़ियों को

स्थिति-5

जमीन से स्पर्श कराने का प्रयास करना है। दायें पैर एवं धड़ को सीधा करते समय श्वास छोड़िए। पूर्णतः इस आसन में आ जाने के बाद 'ॐ खगाय नमः' मंत्र का उच्चारण करें।

इस आसन से भुजाओं एवं पैर की मांसपेशियों को बल प्राप्त होता है, रीढ़ में लचीलापन आता है।

स्थिति (6) अष्टांग नमस्कारासन

पूर्व की स्थिति में परिवर्तन करते हुए सिर एवं शरीर को जमीन के समानान्तर फैलाएँ। शरीर को भूमि पर इस प्रकार झुकाइए कि अंतिम स्थिति में दोनों पैरों की अंगुलियाँ, दोनों घुटने, दोनों हाथ तथा ठुड्डी भूमि का स्पर्श करने लगें। नितंब व पेट जमीन से थोड़ा ऊपर उठा रहे। इस अवस्था में आने के बाद 'ॐ पूष्णे नमः' मंत्र का उच्चारण करें। पूर्व में आसन करते समय जैसा श्वास छोड़ा था वैसी ही स्थिति में रहना है अर्थात श्वास नहीं लेना है।

इस आसन से छाती का विकास होता है और पैरों तथा हाथों की मांसपेशियाँ सुदृढ़ होती हैं।

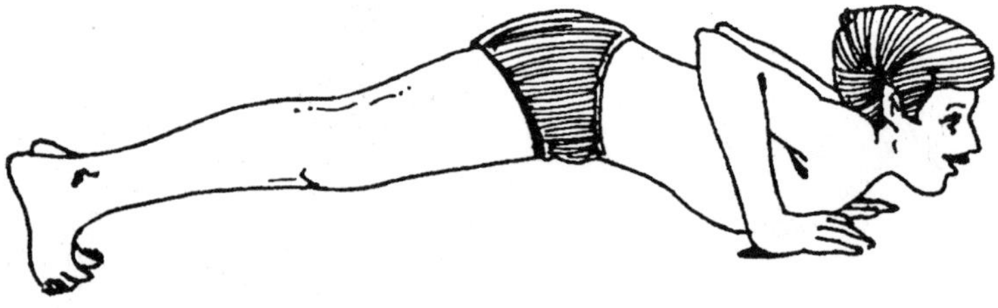

स्थिति-6

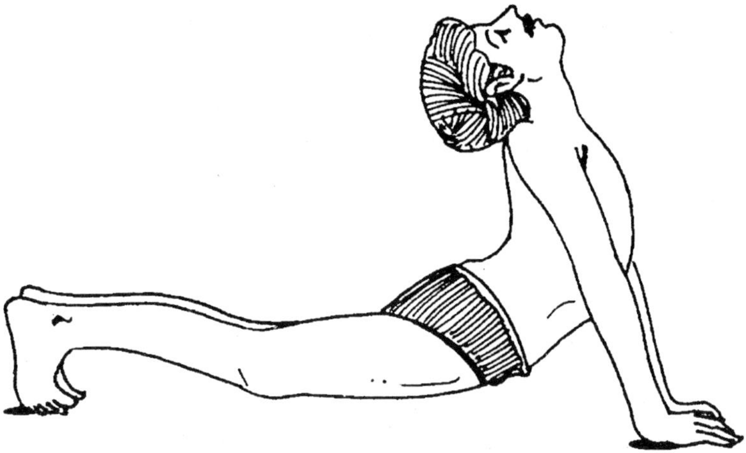

स्थिति-7

स्थिति (7) भुजंगासन

अष्टांग नमस्कारासन में रहते हुए हाथों को सीधा करें तथा शरीर को कमर से ऊपर उठाइए। सिर को पीछे की ओर झुकाइए। कमर को धनुषाकार बनाकर उठाते समय श्वास लीजिए। इस अभ्यास की अंतिम स्थिति में 'ॐ हिरण्यगर्भाय नमः' मंत्र का उच्चारण करें।

इस अभ्यास को करने से आमाशय पर दबाव पड़ता है; यह आमाशय के अंगों में जमे हुए रक्त को हटाकर ताजा रक्त संचार करता है। बदहजमी व कब्ज सहित यह आसन पेट के सभी रोगों में उपयोगी है।

स्थिति (8) पर्वतासन

पूर्व की स्थिति में रहते हुए ही दायें पैर को सीधा करते हुए बायें पैर के पंजे के पास ले जाएँ। नितम्बों को ऊपर उठाइए एवं सिर

स्थिति-8

को दोनों भुजाओं के बीच लायें। अंतिम स्थिति में पैर और भुजाएँ सीधी रहें। ध्यान रखना है कि इस स्थिति में पैर की एड़ियों को जमीन से स्पर्श कराने का प्रयास करना है। दायें पैर एवं धड़ को सीधा करते समय श्वास छोड़िए। पूर्णतः इस आसन में आ जाने के बाद 'ॐ मरीचये नमः' मंत्र का उच्चारण करें।

इस आसन से भुजाओं एवं पैर की मांसपेशियों को बल प्राप्त होता है, रीढ़ में लचीलापन आता है।

स्थिति (9) अश्व संचालन

पूर्व की अवस्था में रहते हुए बायें पैर को जितना संभव हो सके पीछे जमीन पर फैलाइए। इसके साथ ही दायें पैर को मोड़िए, लेकिन ध्यान रहे कि दोनों पंजे अपने स्थान पर पूर्व की भाँति ही रहें और दोनों

स्थिति-9

बाँहें सीधी रहें। शरीर का सम्पूर्ण भार दोनों हाथों, बायें पैर के पंजे घुटने, और दायें पैर की अँगुलियों पर होना चाहिए। अंतिम स्थिति में सिर को ऊपर उठाइए और पीठ को धनुषाकार बनाइए और नज़र को ऊपर रखते हुए मंत्र का उच्चारण करें 'ॐ आदित्याय नमः'। बायें पैर को पीछे ले जाते समय श्वास लें। इस अभ्यास से पैरों की मांसपेशियों को शक्ति मिलती है और आमाशय के अंगों की मालिश होती है।

स्थिति (10) पाद हस्तासन

पूर्व की स्थिति से धीरे-धीरे सामने की ओर झुकते जाइए। तब तक झुकते जाएँ जब तक दोनों हाथों की अँगुलियाँ पैर के सामने तथा

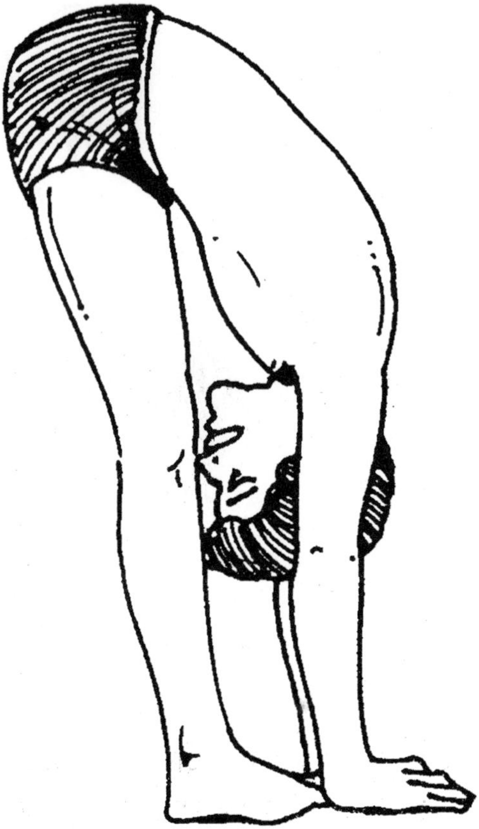

स्थिति-10

बगल के जमीन को स्पर्श न कर लें।

सिर को घुटनों से स्पर्श कराने का प्रयास करें। जमीन छूने अथवा घुटने को स्पर्श कराने के चक्कर में अनावश्यक जोर न लगायें। ठेहुने से झुकना भी नहीं है और पैर सीधा रखना है। सामने की ओर झुकते समय श्वास छोड़िये।

अधिक से अधिक श्वास बाहर निकलने तक पेट को अंदर

सिकोड़िये। इस आसन में आने पर 'ॐ सावित्रे नमः' मंत्र का उच्चारण करना है। यह आसन पेट की बीमारियों को दूर भगाता है। पेट की चर्बी कम करता है, कब्ज़ दूर होती है साथ ही रीढ़ की हड्डी लचीला बनती है और रक्त संचार सुव्यवस्थित होता है।

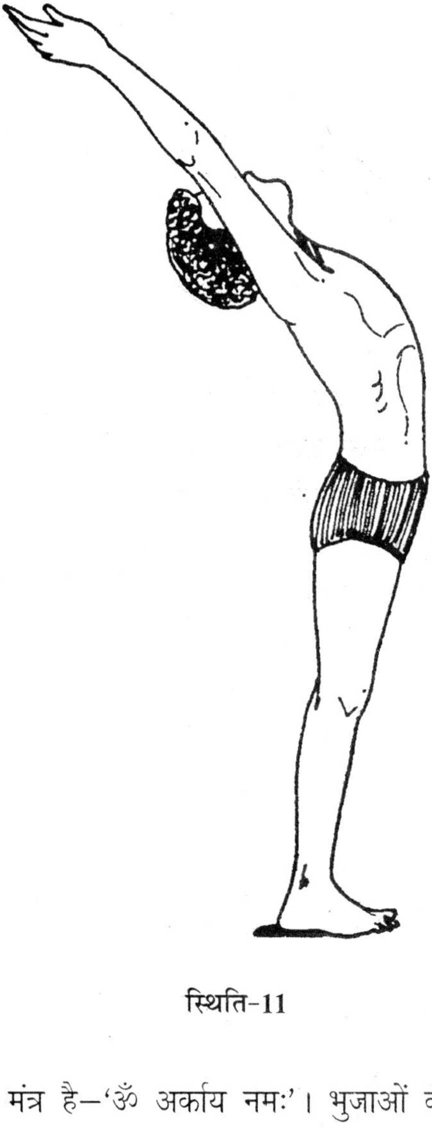

स्थिति-11

स्थिति (11) हस्त उत्तानासन

पूर्व की स्थिति में रहते हुए दोनों भुजाओं को ऊपर उठायें और कंधे की चौड़ाई के बराबर दोनों भुजाओं में दूरी रखें। सिर और धड़ को धीरे-धीरे पीछे झुकाएँ, दोनों हाथ जोड़े हुए मंत्र का उच्चारण कीजिए। इस आसन का मंत्र है—'ॐ अर्काय नमः'। भुजाओं को ऊपर उठाते समय श्वास लीजिए। इस आसन से पेट की अतिरिक्त चर्बी घटती है तथा पाचन शक्ति बढ़ती है। भुजाओं एवं कंधे की मांसपेशियों का व्यायाम हो जाता है।

स्थिति (12) नमस्कारासन

दोनों पंजों को मिलाकर सीधे खड़े हो जाएँ। अगर सम्भव हो तो पूर्व दिशा की ओर मुख कर खड़े हों। पूरे शरीर को शिथिल छोड़ दीजिए। दोनों हाथों को केहुनियों से मोड़ते हुए हथेलियों को आपस में सटाकर नमस्कार करने की मुद्रा में आ जायें। ऐसा करते समय दोनों हाथ छाती से भी सटे होने चाहिए। 'ॐ भास्कराय नमः' मंत्र का उच्चारण मौखिक अथवा मानसिक रूप से करना है। नमस्कारासन की मुद्रा में श्वास की गति सामान्य रहेगी। इस आसन से अन्य आसनों के लिए एकाग्रता और शांति आती है।

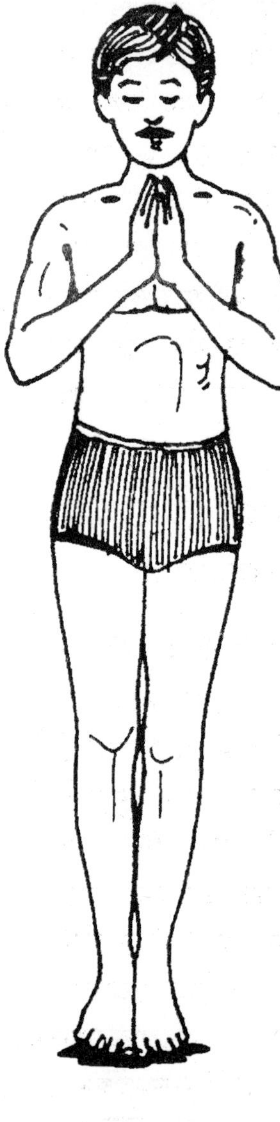

स्थिति-12

भ्रामरी प्राणायाम

भ्रामरी का अर्थ होता है बड़ी मधुमक्खी। भ्रामरी प्राणायाम करते समय मधुमक्खियों की भनभनाहट की तरह धीरे से ध्वनि की जाती है। यही कारण है कि इसे भ्रामरी प्राणायाम कहा जाता है। इस

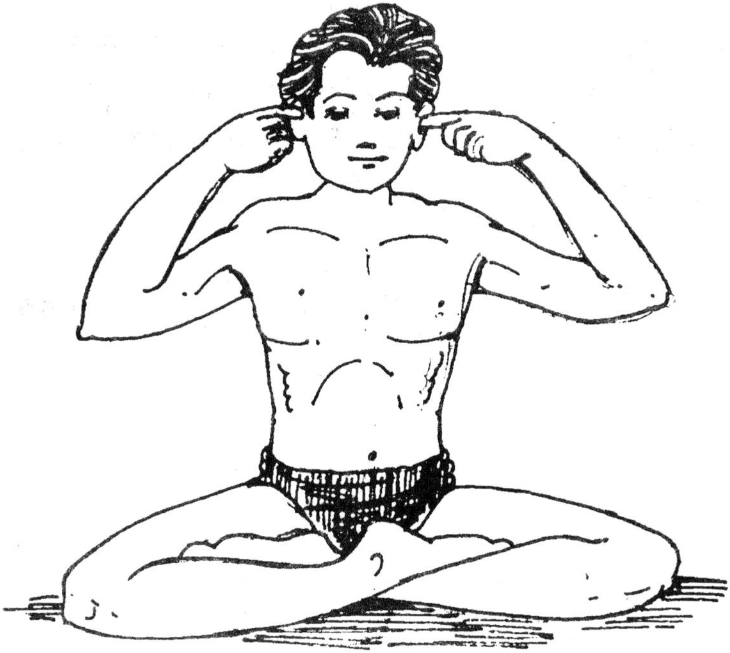

भ्रामरी प्राणायाम

प्राणायाम से गले के रोगों से मुक्ति मिलती है, स्वर मधुर होता है और मस्तिष्क के आंतरिक अंगों की मालिश होती है। जिससे व्यक्ति की मानसिक थकान दूर होती है और वह अपने को तरोताजा महसूस करता है।

विधि–

पद्मासन, अर्ध-पद्मासन या सुखासन में शांत चित्त बैठ जायें। आँखें बंद कर लें। दोनों हाथ से दोनों कान के छोटे कान को जो छिद्र के पास होता है दबाते हुए बंद कर लें। धीरे-धीरे अंदर खूब गहरी श्वास लें। जितनी देर तक रोक सकें रोकें। मुँह को होठों से

बंद करके रखें और जीभ को ऊपर की ओर मोड़कर भनभन की आवाज निकालें और श्वास को धीरे-धीरे नाक से छोड़ें। ध्यान को श्वास और गुंजन की ध्वनि पर केन्द्रित होना चाहिए। गुंजन की आवाज एकतार होना चाहिए। पूर्व के वर्णित सभी आसनों के करने के पश्चात ही इस प्राणायाम को करें।